Das große Weihnachtsbilderbuch

Vorlesegeschichten

Inhaltsverzeichnis

Seite 5 – 27
Die goldene Schneeflocke

Seite 29 – 55
Im Winterland

Seite 57 – 77
Die Weihnachtsmänner

Seite 79 – 106
Eisbär, Erdbär und Mausbär

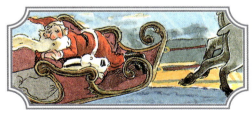

Seite 109 – 131
Weihnachtsmann gesucht!

Seite 133 – 158
Die Weihnachtsüberraschung

Francoise Joos · Frédéric Joos

Die goldene Schneeflocke

Aus dem Englischen von Antonie Schneider

Vor langer Zeit gab es einmal einen kleinen Schneemann, der Hektor hieß. Er lebte wie alle Schneemänner jener Zeit in der eiskalten Weite des Winterlandes.
Eines Abends, vor dem Zubettgehen, erzählte Hektors Mutter ihm die Geschichte von der goldenen Schneeflocke.

„Alle hundert Jahre einmal", begann sie, „ist unter den Millionen weißer Schneeflocken, die vom Himmel fallen, eine kleine gelbe Flocke, die wie ein Goldstern leuchtet. Wenn ein Schneemann eine solche Flocke findet, ist er der glücklichste Schneemann auf Erden. Denn von diesem Augenblick an kann er nicht mehr schmelzen."
Hektor war von der Geschichte begeistert. Er war so aufgeregt, dass er nicht schlafen konnte. Und während er die ganze Nacht über dem Schneefall zuschaute, glaubte er, in der Ferne eine goldene Flocke über dem Wald fallen zu sehen.

Am nächsten Morgen war Hektor ganz sicher, dass er die goldene Schneeflocke gesehen hatte. Er bat alle seine Freunde, mit ihm auf die Suche zu gehen, aber sie fanden es nicht der Mühe wert.
„Dummer kleiner Hektor", rief Basil. „Du glaubst auch alles!"
„Gut", sagte Hektor, „dann geh ich eben allein!"

Nun war es Mittwoch. Und mittwochs besuchte Hektor
die Tiere des Waldes. Es war nicht sehr weit.
So verabschiedete sich Hektor frohgemut von
seiner Mutter.
„Gib Acht auf dich und komm nicht zu spät zurück!", sagte sie.

Schuschu, die Eule, sah ihn schon von weitem und flog voraus, um den anderen Tieren des Waldes seine Ankunft zu melden.

So erwarteten ihn der Elch und der Fuchs mit allen seinen Freunden auf der Waldlichtung.

„Habt ihr letzte Nacht irgendetwas Ungewöhnliches gesehen?", fragte Hektor gleich. Aber keinem war etwas aufgefallen.
Da erzählte ihnen Hektor die Geschichte von der goldenen Schneeflocke.

„Machen wir uns auf die Suche!", rief die Eule.
Sie eilten zum Haus des Bären, packten Essen ein und nahmen Werkzeuge mit. Dann suchten sie die Stelle auf, wo Hektor die goldene Schneeflocke hatte niederfallen sehen.

Sie durchwühlten den Schnee und warfen Schneehaufen um Schneehaufen durch ein Sieb.

Dabei schwatzten sie über alle Neuigkeiten,
die im Wald passiert waren.

Sie waren schon ganz erschöpft, als der Bär endlich zum Essen rief. Von der goldenen Schneeflocke hatten sie nichts entdeckt.

Es gab aus einer großen Thermoskanne, die der Bär mitgebracht hatte, heiße Schokolade für alle, außer für Hektor natürlich.

Er bekam dafür Erdbeereis – auch nicht das Schlechteste. Hektor seufzte tief und sagte:
„Wenn ich die goldene Schneeflocke hätte, könnte ich jetzt heiße Schokolade trinken, ohne zu schmelzen."

„Du könntest noch vieles andere tun", sagte der Fuchs.
„Du könntest in den Ferien mit uns an den Strand
zum Grillen gehen."

„Und ich würde dir meine Bienenstöcke zeigen", sagte der Bär. „Ich könnte dir allerlei über Bienen und Honig beibringen."

„Ich würde dich zum großen Birkenwald tragen, wo wir dem Lied des Windes lauschen könnten", sagte der Elch. Jeder von ihnen hatte seine eigenen Pläne mit Hektor.

Nun war es die eher wissenschaftlich interessierte Eule Schuschu, die fragte:
„Wenn du deine Flocke nun findest, was machst du dann mit ihr?"
„Ich glaube", sagte der Bär, „du solltest sie hinunterschlucken."

„Nein, nein", sagte Hektor. „Man drückt die Flocke fest an sich, bis es einem ganz warm ums Herz wird, dann wird man niemals mehr schmelzen – außer man möchte es", fügte er verschmitzt hinzu.

Die Krähe unterbrach sie.

„Es ist Zeit, nach Hause zu gehen. Iss noch den Rest vom Erdbeereis auf, Hektor, dann werden wir dich bis zum Waldrand begleiten."

Obwohl ihre Suche vergeblich gewesen war, hatten sie einen vergnügten Tag miteinander verbracht, und sie beschlossen, am nächsten Mittwoch ihre Suche fortzusetzen.
Als Hektor sich dann ein bisschen enttäuscht auf den Heimweg machte, fing es zu schneien an.

Und in dem Augenblick, als er es am wenigsten erwartete,
ließ sich ein winziges goldenes Wunder leise auf ihm nieder.

Denn in der Geschichte, die seine Mutter erzählt hatte, hieß es:
Glaube nur fest an deinen Traum, dann wird er in Erfüllung gehen.

Michèle Lemieux · Eveline Hasler

Im Winterland

Peter und Tüpfel, die Katze,
sitzen am Fenster und schauen zu,
wie es schneit.
„Die Wiese, die Rosen, die Hecke,
alles zugedeckt", sagt Peter.
„Ich mag den Winter nicht."

Peters Mutter ruft zum Nachtessen:
„Iss deine Suppe, bevor sie kalt wird",
sagt sie. „Nach dem Essen
erzähle ich eine Geschichte."

Mutter erzählt eine Geschichte vom
Winterkönig und seinem Eiszapfenreich.
Auch Tiere kommen darin vor:
ein Hase, ein Fuchs und frierende Vögel;
ein Dachs und viele kleine Mäuse.

„Nun ab ins Bett", sagt sie zu Peter.
„Wenn es schneit, kann man
wunderbar schlafen."
Nie ist das Bett weicher,
die Decke kuscheliger.
Peter träumt:
Sein Bett ist eine Wolke,
er fliegt mit ihr über den Schneewald.

Im Schneewald tanzt Peter mit den Tieren des Eiszapfenreiches.

Plötzlich ist Peter im Bett hellwach.
Wo ist Tüpfel?
In der Winternacht müsste er draußen erfrieren.

Aber Tüpfel ist nicht draußen.
Er liegt zusammengerollt in der
untersten Schublade neben Mutters Handarbeit
und blinzelt schläfrig.
„Im Traum habe ich dich im Winterwald gesehen",
sagt Peter. „Du hast mit den Tieren
des Winterkönigs getanzt."

„Der Winter ist voller Geheimnisse", sagt Tüpfel.
„Man muss nur die richtigen Augen haben."
„Was für Augen?", fragt Peter.
„So wie meine", sagt Tüpfel.
„Mach dich bereit."
„Wohin gehen wir?", fragt Peter.
„Ich zeige dir das Winterland", sagt Tüpfel.
 Mit jedem Wort ist die Katze größer geworden,
 ganz stark und groß!
„Komm, steig auf meinen Rücken", sagt Tüpfel.
„Es geht los!"

Mit Peter auf dem Rücken
watet Tüpfel durch das Schneefeld.
Manchmal sinken seine Beine
in den weißen Wellen ein.
„Wo sind Blumen, Sträucher und Tiere?",
fragt Peter.
„Ich kann überall nur Schnee sehen."

„Hilf mir, neben diesem Baum den Schnee wegzuscharren", sagt Tüpfel, „dann wirst du eines der Wintergeheimnisse sehen."

Durch ein Loch gelangen sie unter die Erde.

„Hier sind die Wurzelstuben", sagt Tüpfel. „Hörst du die Säfte in den Kammern?

Der Baum bereitet sich vor für den Frühling. Dann treiben Blüten und Blätter heraus."

„Schau hier, unter einer Wurzel,
die Mäusewohnung!
Die Mäuse knabbern an den Vorräten:
an Körnern, Nüssen, Halmen."
Tüpfel läuft plötzlich das Wasser
im Maul zusammen.
Nein, er will keine Halme, Nüsse, Körner.
Lieber eines von den Mäuschen!
Zum Glück ist die Erdspalte so schmal.

„Siehst du den Dachs? Dachse verschlafen
den ganzen Winter unter der Erde.
Sie brauchen kein Essen", sagt Tüpfel.
„Das ist aber praktisch", meint Peter.
„Der Dachs lächelt im Schlaf", sagt Tüpfel.
„Ich glaube, er träumt vom Frühling."
Aber der Fuchs kann nicht schlafen.
Er muss jagen gehen,
der Hunger hält ihn wach.

„Ist das ein Zauberwald?", fragt Peter.
„Ich sehe Gnome, Elfen, Kobolde,
und dort ist ein Elefant."

„Es sind nur vereiste Tannen", sagt Tüpfel.
„Der Winter verwandelt alles."

Die Morgensonne schickt Strahlen
durch den Wald.
Es glitzert und funkelt.
Tüpfel zeigt Peter eine Eishöhle.
Eiszapfen schimmern in den Farben
des Regenbogens.
„Wohnt hier der Winterkönig?", fragt Peter.

Dort drüben steht das Haus.
Licht dringt durch die Fensterritzen.
„Ich mag den Winter", sagt Peter,
„aber jetzt bin ich froh, heimzugehen."
„Du hast Recht", sagt Tüpfel,
„im Winter ist es nirgendwo schöner
als zu Hause."

Ute Krause · Achim Bröger

Die Weihnachtsmänner

Alles fing damit an, dass Herr Ludwig zu Herrn Prösel sagte:
„Wissen Sie es schon? Weihnachtsmänner gibt es nicht!"
„Sind Sie sicher?", fragte Herr Prösel erstaunt.
„Hundertprozentig", sagte Herr Ludwig.
Herr Prösel arbeitete bei einer Zeitung. Und weil an dem Tag in der Welt sonst nichts passiert war, setzte Herr Prösel am nächsten Tag groß auf die erste Seite:
Weihnachtsmänner gibt es nicht!
Und die anderen Zeitungen druckten es nach.

So erfuhren es alle – jeder Mann, jede Frau und jedes Kind.
„Oh, schade", sagte die kleine Susanne.
„Weihnachten ohne Weihnachtsmann, das ist … wie … wie … Pizza ohne Tomatensoße." – „Nur viel schlimmer", seufzte Jan.
„Es ist einfach kein richtiges Weihnachten mehr."
„An wen soll ich überhaupt meinen Wunschbrief schicken, wenn es keine Weihnachtsmänner gibt?", fragte Thomas.
Und Kurtchen murmelte: „Das darf nicht wahr sein."
Aber überall hörte und las man: „Weihnachtsmänner gibt es nicht."
Alle wussten es, nur …

... die Weihnachtsmänner
hatten keine Ahnung,
 dass es sie nicht gibt.
 Sie lebten zufrieden und versteckt wie immer.
  Bis eines Tages der Weihnachtsmannkoch
die Zeitung in die Finger bekam. Fisch war darin eingepackt.
 Der Koch las ein paar Zeilen und rief: „Kollegen! Freunde!
Weihnachtsmänner! … Uns gibt es nicht. Da steht's!"
  „Die spinnen!", rief jemand.
 „Ich glaube, ich höre nicht richtig", sagte ein anderer.
  „Doch, hier … lest selbst", sagte der Weihnachtsmannkoch.
Jetzt lasen es alle, und alle sagten: „So ein Quatsch!
  Das glaubt kein Mensch."

Aber es kamen immer weniger Wunschbriefe
bei den Weihnachtsmännern an. Und das kurz vor Weihnachten.
„Viele Menschen glauben wohl doch, was in der Zeitung steht",
seufzten die Weihnachtsmänner.
Und sie überlegten, was sie tun könnten. Plötzlich rief einer:
„Ich hab's! Wir treffen uns. Alle Weihnachtsmänner der Welt!
Dann besprechen wir gemeinsam, wie es weitergehen soll."
„Gute Idee! Super!",
riefen die anderen und schrieben die Einladungen:
Wichtig! An die Weihnachtsmänner überall.
Kommt unbedingt zur ersten
Welt-Weihnachtsmann-Konferenz!

Die Weihnachtsmänner kamen.
Aus Afrika, Japan, Alaska, von überall.
Und die Konferenz begann.
Es wurde lange beraten. Schließlich sprang einer auf und sagte:
„Freunde! Kollegen! Weihnachtsmänner!
Sie behaupten, uns gibt es nicht.
Gut, dann sollen sie mal sehen, wie es ohne uns geht.
Wir kümmern uns in diesem Jahr einfach nicht um Weihnachten.
Wir streiken!"
„Jawoll! Klar!", riefen sie. Alle waren mit dem Streik einverstanden.
Jetzt überlegten die Weihnachtsmänner nur noch,
was sie mit ihrer Freizeit anfangen sollten.
Und sie hatten da auch schon eine Idee.

Zu Hause
saß Kurtchen traurig herum.
„Du musst mal auf andere Gedanken kommen", sagte sein Papa
und nahm ihn mit zur Post. Dort arbeitete er nämlich.
Aber auch zwischen den Poststapeln dachte Kurtchen immer nur
an die Weihnachtsmänner.
Wenn er die Augen schloss, sah er sie sogar vor sich.
Mit Bart und ganz deutlich. Und einer zwinkerte ihm zu.
Da kicherte Kurtchen. In dem Moment sah er eine Weihnachtskarte.
Ein kleiner Stern war drauf.
Geheim,
las er und vergaß, dass er eigentlich nicht weiterlesen durfte. Da stand:
Lieber Kollege!
Schade, dass du nicht mitfahren konntest. Das Wetter ist prima.
Ein herrlicher Urlaub. Komm nach, wenn du gesund bist.
Deine Weihnachtsmänner.
Zurzeit in der Südsee.

Jetzt wusste Kurtchen: „Es gibt sie doch!"
Und er dachte: „Sie dürfen keinen Urlaub
mehr machen, ich hole sie zurück!"
Aber wie? Kurtchen lief nach Hause und packte die Tasche
und seine Lieblingsente. Dann leerte er das Sparschwein.
Den Eltern schrieb er einen Zettel:
Ich hole die Weihnachtsmänner. Kuss. Kurtchen!
Er fuhr mit dem Bus in den Hafen. Zum Hafenmeister sagte er:
„Ich will mit dem Schiff in die Südsee.
Hier sind 11,52 DM." Leider reichte das Geld nicht.

„Wie komme ich bloß hin", überlegte Kurtchen.
Da stieß er gegen den Schiffskoch. Platsch, saßen sie nebeneinander
zwischen kullernden Kartoffeln. Der Mann schimpfte: „Alles geht schief!
Der Schiffsjunge ist weggelaufen! Die Kartoffeln fliegen rum!
Ich krieg das Mittagessen nie fertig! Und in einer Stunde fahren wir
in die Südsee." Das passt prima, dachte Kurtchen, und er sagte:
„Ich werde Ihr Schiffsjunge." „Einverstanden", sagte der Koch.
Gleich darauf schälte Schiffsjunge Kurtchen Kartoffeln haufenweise.
Später schrubbte er das Deck. Und das Schiff fuhr Richtung Südsee.

Endlich kamen sie an
und Kurtchen ging von Bord.
„Puuh, ist das heiß", stöhnte er
und suchte die Weihnachtsmänner.
Kurtchen kam an vielen Hotels vorbei. Männer mit weißen Bärten
sah er immer wieder, aber Weihnachtsmänner waren es nicht.
Vom Suchen und von der Hitze wurde Kurtchen müde.
Er legte sich unter eine Palme und schlief ein.
Tiefe Stimmen weckten ihn.
Er drehte sich um und sah zwei Palmen weiter …

... die Weihnachtsmänner!
Mit Badehose und Sonnenbrille.
„Mensch, da seid ihr ja!", rief Kurtchen.
Einer sagte: „Das ist doch Kurtchen aus dem 5. Stock.
Ich bringe ihm immer die Geschenke." –
„Stimmt", sagte Kurtchen und fragte:
„Warum sitzt ihr so faul hier rum? Es ist bald Weihnachten."
Sie erzählten ihm von der Konferenz und vom Streik.
Und dass sie keine Lust haben, Geschenke zu bringen,
wenn niemand an sie glaubt.
„Aber ich glaube an euch", sagte Kurtchen. „Das seht ihr doch!"
Ein Weihnachtsmann fragte: „Und die anderen Kinder,
wollen die wirklich, dass wir kommen?"
„Und wie!", sagte Kurtchen.
„Also los!", riefen die Weihnachtsmänner.
Damit war der Streik zu Ende.

Leider waren ja kaum
Weihnachtsbriefe bei den Weihnachtsmännern angekommen.
Also dachten sie sich die Geschenke selbst aus
und besorgten sie auch gleich.
Diese Geschenke sahen nach Abenteuer und Südsee aus.
Und dann war auch schon Weihnachten.
Die Rentiere wurden an die voll gepackten Schlitten gespannt.
Kurtchen setzte sich neben seinen Weihnachtsmann. Los ging's!
Sie kamen gerade noch rechtzeitig zum Geschenkeausteilen.
Natürlich durfte Kurtchen helfen.

Zu jedem Geschenk wurde ein Zettel gelegt:
Uns gibt's. Die Weihnachtsmänner.

Später feierten Kurtchen
und die Weihnachtsmänner.
Kerzen brannten.
Die Weihnachtsgans duftete.
Mit vollen Backen sagte Kurtchen: „Vielleicht glauben meine Eltern
ja immer noch nicht, dass es euch gibt. Dann sag ich zu ihnen:
‚Macht die Augen zu. Stellt euch einen Weihnachtsmann vor.
Mit Sack und Bart und allem …
Seht ihr, man sieht ihn.
Und was man sieht,
das gibt's.'"

„So ist es",
brummten die Weihnachtsmänner.

Erwin Moser

Eisbär, Erdbär und Mausbär

Es war einmal ein Meer. Und es war einmal eine Hütte. Und es waren einmal zwei Bären, die in dieser Hütte am Meer wohnten. Der eine Bär liebte Eis über alles, denn er war ein Eisbär. Der zweite Bär war ein Erdbär, weil er nur Erdbeeren aß. So, und jetzt fängt die Geschichte richtig an! Hör zu. Der Eisbär und der Erdbär waren dicke Freunde. Vor der Hütte hatte der Eisbär sein Eisloch. Dort hatte er noch vom vergangener Winter Eisblöcke gesammelt, damit er auch im Sommer auf dem Eis liegen konnte, denn das war seine Lieblingsbeschäftigung.

Hinter der Hütte war der Garten des Erdbären. Es war ein Garten, in dem nur Erdbeeren wuchsen. Dort kroch der Erdbär den ganzen Tag umher und aß Erdbeeren. So lebten die beiden Bären und sie konnten sich ihr Leben nicht schöner vorstellen. Der Eisbär hatte sein Eis und der Erdbär seine Erdbeeren. Mehr brauchten sie nicht.

Eines schönen Tages, als der Erdbär wieder in seinem Garten lag und einer besonders großen Erdbeere eine komische Geschichte erzählte, damit sie vor Lachen noch süßer und saftiger wurde, stand plötzlich ein Mäuserich vor ihm. Der Mäuserich trug auf seinen Schultern eine dicke Wurst. „Guten Tag!", sagte er zum Erdbären. „Was machst du da?" „Wünsch dir auch einen guten Tag!", erwiderte der Erdbär. „Ich erzähle dieser Erdbeere da eine lustige Geschichte, damit sie schneller reif wird."
„Das ist interessant!", meinte der Mäuserich. „Das muss ich bei meiner Wurst auch versuchen. Vielleicht wird sie dann größer?" Und er legte die Wurst ins Gras, setzte sich dazu und erzählte ihr einen Witz. Der Witz war zwar schon alt und gar nicht besonders lustig, aber die Wurst kannte ihn noch nicht und deshalb wirkte er sofort. Der Mäuserich war kaum fertig mit seinem Witz, da lachte die Wurst los und wurde dabei fast doppelt so dick. „Siehst du", sagte der Erdbär, „das ist ein guter Trick. Ich mach's bei meinen Erdbeeren immer so." „Wundervoll!", lachte der Mäuserich und patschte in die Pfoten. „Aber sag, was bist denn du für ein Bär?", fragt der Erdbär. „Du bist so klein. Bist du vielleicht ein Zwergbär? Oder am Ende gar ein Wurstbär?"
„Ich bin überhaupt kein Bär", sagte der Mäuserich. „Ich bin eigentlich eine Maus." „Da musst du dich irren", sagte der Erdbär. „Du bist ganz sicher ein Bär! Schau dich an: Du hast zwei Ohren wie ich; du hast eine Schnauze wie ich; und du hast rundherum ein Fell genau wie ich. Also bist du ein Bär!"

Der Mäuserich schaute an sich hinunter.

„Tatsächlich!", rief er überrascht. „Du hast Recht. Stimmt alles haargenau. Dass mir das noch nicht aufgefallen ist!
Aber mein langer Schwanz ist eindeutig eine Mauseschwanz! Der passt nicht dazu …"

„Doch", sagt der Erdbär. „Der ist schon richtig. Jetzt weiß ich nämlich, was für ein Bär du bist. Du bist ein Mausbär! Komm Mausbär, ich stelle dich meinem Freund, dem Eisbären, vor!"
Sie gingen zu der Eisgrube, wo sich der Eisbär immer aufhielt.

„Eisbär!", rief der Erdbär hinunter. „Komm rauf, wir haben Besuch!"
Aber der Eisbär war schlechter Laune. Er brummte nur
und blieb unten.

„Was ist los, Eisbär?", rief der Erdbär. „Sei nicht so unhöflich. Wir haben einen Gast. Komm rauf und begrüße ihn, wie es sich gehört!"
Endlich kam der dicke Eisbär aus der Grube gekrochen.
Der Erdbär machte die beiden bekannt, aber der Eisbär war nach wie vor ziemlich mürrisch.

„Mein schönes kaltes Eis ist in den letzten Tagen stark zusammengeschmolzen", sagte der Eisbär.

„Morgen schon kann es ganz geschmolzen sein, und was mach ich dann, so ganz ohne Eis?"
Traurig brummend ging er zur Hütte und setzte sich
in den Schatten.

„Ja, das ist dumm", sagte der Erdbär zum Mausbären.
„In letzter Zeit war es sehr heiß – gut für meine Erdbeeren, aber schlecht für sein Eis. Da kann man nichts machen."
„Warum holt er sich nicht neues Eis?", fragte der Mausbär.
„Ja, woher denn?", erwiderte der Erdbär ratlos. „Im Sommer gibt's kein Eis, oder siehst du irgendwo welches?"
„Am Nordpol gibt's so viel Eis, dass man vor lauter Eis den Nordpol nicht sieht!", sagte der Mausbär.
„Ja sooo, am Nordpol!", meinte der Erdbär. „Das weiß ich auch. Aber wie kommt man dorthin? Da liegt ein ganzes Meer voll Wasser zwischen uns und dem Nordpol!"
„Tja, das stimmt schon …", sagte der Mausbär und überlegte.
Und plötzlich hatte er eine Idee!
„Ich weiß, wie wir zum Nordpol kommen könnten!", rief der Mausbär.
„So? Wie denn?", fragte der Erdbär.
Und der Mausbär sagte es ihm.
„Gute Idee!", sagte der Erdbär. „So könnte es gehen!"
Dann gingen sie zum Eisbären und sagten es auch ihm.
Und jetzt muss ich es dir sagen, damit du es auch weißt.

Der Mausbär hatte die Idee gehabt, seiner Wurst so lange Witze und lustige Geschichten zu erzählen, bis sie vor Lachen ganz dick und groß würde und zu schweben anfinge. Wenn die Wurst dann schwebte, wollten sie alle drei auf sie klettern, wie auf den Rücken eines Pferdes, und zum Nordpol fliegen. Die drei Bären gingen also zu der Wurst und machten sich ans Werk.

Zuerst begann der Mausbär mit seiner Geschichte, dann erzählte der Erdbär einen Witz, und nach ihm erzählte der Eisbär eine lustige Geschichte. In dieser Reihenfolge machten sie weiter, und bereits nach einer halben Stunde war die Wurst vor Lachen so groß und dick geworden, dass die Bären Angst bekamen, sie könnte platzen. Die Wurst schwebte nun schon ein Stück über der Erde.

Der Erdbär pflückte geschwind eine seiner größten und köstlichsten Erdbeeren, die wollte er als Reiseproviant mitnehmen. Dann setzten sich die drei Bären auf die Wurst, der Mausbär erzählte noch schnell einen Witz, und die Wurst erhob sich in die Luft.

Sie flogen. Sie flogen in Richtung Nordpol.

Der Eisbär war vor Freude ganz aus dem Häuschen.

Am Nordpol war er ja geboren, und wo man geboren wird, ist man zu Hause, und wo man zu Hause ist, dorthin kehrt man immer gern zurück.

Unter ihnen war nichts als Meer. Je näher sie dem Nordpol kamen, desto kälter wurde es.

Dem Eisbären machte die Kälte nichts aus. Ganz im Gegenteil. „Je kälter, desto besser!", sagte er immer. Der Erdbär hatte auch keine Schwierigkeiten mit der Kälte, denn er trug ebenfalls einen dicken Pelz. Nur der Mausbär mit seinem dünnen, kurzhaarigen Fell begann bald vor Kälte zu zittern. Auch der Wurst war etwas kalt – sie hatte eine leichte Gänsehaut bekommen.

Und dann sahen sie das Nordpoleis unter sich auftauchen.

„Eis! Eis", rief der Eisbär vor Begeisterung und zeigte hinunter.

„Am besten, wir landen dort auf dem Schneefeld!", schlug der Eisbär vor.

Aber die Wurst wollte nicht landen. Sie hatte sich eben warm geflogen und wollte nichts davon wissen, sich in den kalten Schnee zu legen.

„Landen, Wurst!", rief der Eisbär. „Landen!" Doch die Wurst flog unbeirrt weiter.

„Wir müssen ihr eine traurige Geschichte erzählen, damit sie nicht mehr fliegen kann!", riet der Mausbär. Also erzählten sie der Wurst eine furchtbar traurige Geschichte. Sie handelte von einer Rauchwurst, die in einer Selchkammer vergessen worden war. Das half. Die fliegende Wurst wurde immer trauriger, flog immer langsamer und niedriger und landete schließlich auf dem Nordpol.

Die drei Bären stiegen ab, und der Eisbär rannte gleich wie toll durch den Schnee, schlug Purzelbäume und machte Handstände. Der Erdbär versank sofort bis zur Brust im Schnee, nur der Kopf und die Erdbeere schauten heraus. Und vom Mausbären sah man gar nichts mehr.

„Halte dich an mir fest!", rief der Erdbär. „Ich werde zu dem Eisberg dort hinten gehen und einen Rundblick machen!"
Der Mausbär hielt sich fest und so gingen sie zu dem Eisberg und stiegen hinauf.
Dem Mausbären war so kalt, dass er mit den Zähnen klapperte. Oben angekommen, schauten sie in die Runde. Sie sahen nichts als Schnee und Eis weit und breit, nur links hinten glänzte das Eismeer.
„Sch… schön, aber kalt", sagte der Mausbär bibbernd vor Kälte.

Nun traf der Eisbär auf dem Eisberg ein. „Kinder!", rief er. „Ich freue mich bärig! Habe mich schon lange nicht so gut gefühlt. Was haltet ihr davon, wenn wir für immer hier bleiben?"
„Ist recht schön hier", meinte der Erdbär, der seinem Freund nicht die Stimmung verderben wollte, „aber ich fürchte, der Mausbär verträgt das Klima nicht. Wie geht's dir, Mausbär?" Aber der Mausbär konnte nicht mehr antworten. Er war schon ganz steif gefroren. Nicht einmal zittern konnte er mehr.
„Uijeh!", rief der Eisbär. „Der ist ja kurz vor dem Erfrieren! Schnell, wir müssen zur Wurst zurück und mit ihm in eine wärmere Gegend fliegen!"
Der Eisbär nahm den Mausbären in die Arme und rannte, so schnell er konnte, den Berg hinunter. Der Erdbär nahm seine Erdbeere und folgte ihm.

Als sie bei der Wurst ankamen, mussten sie einen großen Schreck erleben. Die Wurst war nämlich nicht mehr da! Stattdessen standen zwölf weiße, zottelige Polarmäuse dort und fraßen eben die letzten Reste der fliegenden Wurst.
Hmmm, die hatte ihnen geschmeckt!
Als die Polarmäuse die Bären sahen, erschraken auch sie; zudem fing der Eisbär nun zu brüllen an. „Seid ihr verrückt, unsere fliegende Wurst aufzufressen! Was fällt euch ein?"
„Entschuldigung …", sagte eine Polarmaus eingeschüchtert.
„Wir haben nicht gewusst, dass die Wurst jemandem gehört …"
„Die Sache ist nämlich die", erklärte der Erdbär, „unser Freund, der Mausbär, verträgt die Kälte nicht, und mit der Wurst hätten wir in eine wärmere Gegend fliegen können …"
„Mausbär? Wo ist ein Mausbär?", riefen die Polarmäuse.
„Hier", sagte der Erdbär und hielt den steif gefrorenen Mausbären hoch.
„Oh!", riefen die Polarmäuse überrascht, als sie den Mausbären sahen.

„Schnell, hängt ihm einen Pelzmantel um!", sagte eine Polarmaus. Sie nahmen den armen Mausbären, hüllten ihn in einen warmen Polarmauspelzmantel, gaben ihm heißen Spezialnordpoltee zu trinken und rieben ihn warm. Das brachte den Mausbären wieder auf die Beine. Mit dem Pelzmantel sah er fast so aus wie eine Polarmaus, und die Polarmäuse hatten ihn sofort lieb gewonnen. Da nun alles wieder in bester Ordnung war, wurde zur Feier des Tages ein Fest vorbereitet. Der Erdbär spendierte seine Erdbeere, und die Polarmäuse bereiteten daraus eine Riesenportion Erdbeereis. Bis spät in die Nacht saßen sie beisammen, schleckten Erdbeereis und erzählten einander das, was sie voneinander nicht wussten. Der Erdbär erzählte von seinem Erdbeergarten, der Eisbär von seiner Eisgrube, der Mausbär von allerlei Käse- und Wurstsorten, und die Polarmäuse erzählten von ihrem Leben am Nordpol.

Am nächsten Tag gingen sie alle spazieren, und die Polarmäuse zeigten den drei Bären ihr Nordpolland. So verging eine Woche.

Eines Tages bekam der Erdbär Heimweh nach seinem Erdbeergarten. „Wie schön wäre es jetzt, wenn ich zwischen meinen roten Erdbeeren liegen könnte!", sagte er sehnsüchtig.
„Ja", bestätigte der Mausbär, „ich würde auch gern wieder etwas Grünes sehen."
Und der Eisbär sagte: „Wisst ihr, ohne Hitze ist die Kälte nur halb so schön. Das Auf-dem-Eis-Liegen macht nur Spaß, wenn dabei die Sonne scheint …" So beschlossen sie, wieder nach Hause zu fahren.

Die Polarmäuse hatten dazu eine gute Idee. Sie nagten einen großen Eisblock aus dem Nordpolland und schoben ihn ins Meer. Die drei Bären setzten sich darauf und schwammen in Richtung Süden davon. Der Eisbär, der Erdbär und der Mausbär mussten den Polarmäusen aber vorher versprechen, sie bald wieder zu besuchen.

Nach einigen Tagen kamen die drei Bären auf ihrem Eisblock an ihrem Heimatstrand an. Das Eis hatte gerade angefangen zu schmelzen. Der Eisbär zerhackte den Eisblock in kleine Teile und füllte damit seine Eisgrube. Der Erdbär legte sich sofort wieder in seinen Erdbeergarten und aß Erdbeeren, bis er nicht mehr konnte. Und was tat der Mausbär?

Der Mausbär kaufte sich eine Hängematte, in der er die meiste Zeit schlief und vom Nordpol träumte.
Auch als dann der Winter kam, schlief er in der Hängematte, denn seit er den Polarmauspelzmantel hatte, wurde es ihm nie mehr kalt.

Brian Pilkington

Weihnachtsmann gesucht!

Ins Deutsche übertragen von Roland Hainmüller

Wieder einmal war Weihnachten und alle Menschen waren fröhlich und in festlicher Stimmung, nur der Weihnachtsmann nicht. Er saß am Kamin und fühlte sich elend. Eine Erkältung ist immer unangenehm, aber an diesem besonderen Tag war sie eine Katastrophe, nicht nur für ihn, sondern vor allem für die Kinder. Wie sollte er seine Geschenke verteilen, wenn er nicht einmal aufstehen konnte, ohne dass ihm schwindelig wurde? Das erste Mal in seinem Leben musste er jemanden um Hilfe bitten. Aber an wen sollte er sich wenden? Der Weihnachtsmann dachte angestrengt und lange nach. So lange, bis er vom Nachdenken Kopfschmerzen bekam. In seiner Verzweiflung beschloss er, einen Stapel alter Zeitungen durchzublättern. Vielleicht fand sich dort eine Anzeige:

HARRY – IHR MANN FÜR WEIHNACHTEN!
MACHE HAUSBESUCHE
UND WEIHNACHTSFEIERN
IN SCHULEN UND BETRIEBEN.

„Das ist es", dachte der Weihnachtsmann erleichtert. „Von Harry habe ich schon gehört. Er soll mir ja ziemlich ähnlich sein. Ich werde ihm sofort mit den Rentieren einen Brief schicken."

Es war ein langer und arbeitsreicher Tag
für Harry und seinen Hund Rupert gewesen.
Harry freute sich auf seine wohlverdiente
Ruhe und wollte gerade die Füße vor
dem Feuer ausstrecken, als ein roter Umschlag
aus dem Kamin herausflatterte.
„Nanu!", rief Harry überrascht.
Er öffnete den Umschlag, und als er den Brief
las, wollte er seinen Augen nicht trauen:
Der Weihnachtsmann persönlich bat ihn,
Harry, allen Kindern noch heute Nacht
die Geschenke zu bringen!
Harry eilte zur Tür, um nachzusehen, wer ihm
diesen wundersamen Brief überbracht haben
könnte. Und was er dort sah, erstaunte
und verblüffte ihn.

Auf dem Dach seines Hauses stand ein wunderschöner Schlitten
mit vier prächtigen Rentieren davor. Harry und Rupert holten eine Leiter,
kletterten neugierig auf das Dach und stiegen vorsichtig
in den Schlitten ein. Und bevor sie auch nur einmal blinzeln konnten,
waren sie schon auf dem Weg zu den Sternen.

Es dauerte ein Weilchen, bis sich Harry und Rupert an diese Art Schlitten zu fahren gewöhnt hatten. Zuerst dachten sie, die Rentiere wollten sich einen Spaß mit ihnen erlauben.
Aber dann begannen sie, die Fahrt zu genießen.
Und die Rentiere schienen ihren Weg genau zu kennen.

In dem Schlitten lagen eine Menge Säcke, bis oben hin gefüllt mit allen möglichen Geschenken. Und oben auf den Säcken fand Harry die Kleider des richtigen Weihnachtsmanns.
Aber da Harry noch immer sein eigenes Kostüm trug, wollte er keine Zeit mit Umziehen verschwenden.

Es war schwierig, durch die Kamine in die Häuser zu gelangen. Harry hatte es sich einfacher vorgestellt. Als er es endlich geschafft hatte, war er schwarz vom Ruß und sein schönes Kostüm war zerrissen. Es blieb ihm nichts anderes übrig, als irgendwo in ein Badezimmer zu schleichen und die Kleider des Weihnachtsmanns anzuziehen.

Blitzblank und in trockener Kleidung setzte er seine Arbeit fort, aber bei seinem nächsten Besuch rutschte er auf einem glatten Dach aus und fiel kopfüber in einen Schweinepferch.
Missmutig krabbelte Harry aus dem Schlamm und ärgerte sich schon, dass er den Auftrag des Weihnachtsmanns angenommen hatte. Aber als er an sich herunterschaute, war seine Überraschung groß. Sein Anzug war immer noch tadellos sauber.
„Da muss ein Zauber dahinter stecken!",
  sagte sich Harry.

Und kurz darauf fand Harry noch etwas heraus: Die Kleider des Weihnachtsmanns besaßen wunderbare Eigenschaften.
Er konnte durch die engsten Kamine und durch die kleinsten Fenster steigen. Es öffneten sich ihm sogar verschlossene Türen, wenn er nur deren Klinke berührte.

Jetzt machte es Harry Spaß, auf leisen Sohlen in die Häuser zu schleichen und Geschenke zu verstecken. Häufig fand er auch einen kleinen Imbiss vor und etwas zu trinken.

Alles klappte ganz wunderbar, bis Harry zu einem gemütlichen
kleinen Haus kam. In dem schwachen Licht sah er die große,
dicke Katze nicht und trat aus Versehen auf ihren Schwanz.

Natürlich waren die Kinder von dem Lärm sofort hellwach.
Wie freuten sie sich, Harry zu sehen, denn sie dachten ja,
er sei der Weihnachtsmann.
Harry wollte die Kinder nicht enttäuschen und spielte mit ihnen.
Ihre Freude über die Geschenke gefiel ihm noch besser
als das heimliche Umherschleichen in den Häusern. So blieb er
eine kleine Weile bei ihnen.

Als er zu seinem Schlitten zurückkehrte, stellte Harry fest, dass er nur für den Bruchteil einer Sekunde fort gewesen war.

Wenn er aber so unendlich viel Zeit hatte und die Kinder sich über seinen Besuch freuten, dann gab es für Harry keinen Grund, weshalb er die Kinder nicht wecken sollte.

Harry und Rupert reisten um die ganze Welt.

Es war erstaunlich, was alles aus den Säcken hervorkam,

und der Auftrag gefiel Harry immer besser.

Auch wenn die Zeit stillzustehen schien, die Erde ist doch
ein riesengroßer Planet und Harry wurde allmählich müde.
Er fühlte sich so müde, als ob er jahrelang nicht mehr geschlafen hätte.
Deshalb war er sehr froh, als er sah, dass nur noch ein Geschenk
im Sack war. Erschöpft kletterte er wieder in den Schlitten
und bald schlief er tief und fest.

Als Harry erwachte, wurde es schon hell
und der Schlitten hielt vor einem kleinen Holzhaus.
„Bald ist es geschafft", dachte Harry.
Immer noch müde, schleppte er sich zum Kamin,
kletterte hinein und fiel hinunter.
Mit einem Plumps landete er vor dem Feuer.
„Ho! Ho! Ho!", klang es in seinen Ohren. Und im
gleichen Augenblick stellte er fest, dass er
seinem Vorbild, dem richtigen Weihnachtsmann
gegenübersaß.
Der Weihnachtsmann half Harry auf die Beine
und aus seinem Kostüm. Immer wieder musste
er lachen, als Harry ihm von seinen Abenteuern
erzählte.

Es war aber auch das schönste Weihnachtsfest, das Harry jemals erlebt hatte: die Schlittenfahrt, das Spielen mit den Kindern, das Austeilen der Geschenke … Aber halt! Da war doch noch ein Geschenk! Harry holte es und überreichte es dem Weihnachtsmann. Der strahlte vor Glück und sagte: „Endlich kann ich auch mal jemandem beim Auspacken zuschauen", und gab Harry das Päckchen zurück.

Harry war gerührt, als er das neue, funkelnde Kostüm sah. Genau das konnte er gut gebrauchen. Aber das beste Geschenk war die Erinnerung an diese Weihnacht. Und dann meinte der Weihnachtsmann sogar, dass sie sich nächstes Jahr vielleicht gemeinsam auf die Reise begeben könnten.

Wer weiß … Haltet auf alle Fälle die Augen offen!

Am letzten Tag vor Heiligabend kauften Anna und Jonas
mit ihren Eltern auf dem Weihnachtsmarkt eine besonders
schöne Tanne.
„Da haben Sie aber Glück gehabt", brummte der Verkäufer und
wischte sich ein paar Schneeflocken aus dem Bart. „Ihr Baum
stand vor zwei Stunden noch in meiner Schonung am Hasenberg."
„Seine Nadeln sind schön weich", sagte Anna.
„Und sie duften gut", meinte Jonas.
„Das findet mein Hund anscheinend auch", lachte der Verkäufer.
„Er schnüffelt schon die ganze Zeit um den Baum herum,
nicht wahr, Riese?"
Der kleine Dackel wackelte zustimmend mit dem Schwanz.

Zu viert trugen sie den großen Baum über den Weihnachtsmarkt
davon. Sie merkten gar nicht, dass Riese noch eine
ganze Strecke hinter ihnen herlief und die Nase unruhig
schnuppernd in die Luft reckte.

Dem Dackel war an dem Baum etwas aufgefallen,
was die Menschen nicht bemerkt hatten,
der Verkäufer nicht, die Eltern nicht, nicht einmal
die Kinder: Mitten in dem Baum
war ein kleines, kugelrundes Vogelnest!
Es war aus Moos und Grashalmen gebaut und geschickt
an den Stamm und auf zwei Äste gestützt.
Innen war es mit Federn und Büschelchen Hasenfell
gepolstert. Ein Vogel wohnte natürlich schon längst nicht
mehr darin, dafür aber eine ganz kleine Maus!
Verschüchtert und ängstlich saß sie in ihrem Nest.
Was wohl mit ihr geschehen würde?
Aber vor lauter Aufregung wurde sie plötzlich sehr müde,
und bevor sie weiter nachdenken konnte, war sie
schon eingeschlafen.

Am nächsten Tag wachte die Maus davon auf, dass ihre
Winterwohnung schon wieder hin und her schwankte.
Ihr wurde ganz schwindlig von dem Geschaukel.
Kaum stand der Baum wieder still, fingen der Vater und
die Mutter an, ihn zu schmücken. Ihre großen Hände kamen
dabei dem Nest so nahe, dass die Maus sie hätte in die Finger
zwicken können. Doch dazu war sie viel zu ängstlich.
Sie verhielt sich mäuschenstill und kuschelte sich noch ein
bisschen tiefer in ihr Nest.

Dann war Heiligabend. Die Maus hätte sich gar zu gerne
ein wenig umgesehen, denn sie war neugierig wie alle Mäuse.
Aber die Kinder spielten mit ihren Weihnachtsgeschenken.
Sie machten ziemlich viel Krach dabei, und die Maus traute
sich nicht, auch nur eine Pfote vor das Nest zu setzen.
„Wenn die Menschen mich doch endlich allein lassen würden",
dachte sie. Sie schnupperte aufmerksam: „Da draußen vor
meinem Nest …", sie schnupperte noch einmal, „… da riecht
es ja einfach köstlich. Und ich hab solchen Hunger!"

Aber es dauerte lange, bis die Kinder müde wurden ...
Endlich war es so weit und alle gingen schlafen.
Auf diesen Augenblick hatte die Maus sehnsüchtig gewartet:
Ihr Mausemagen knurrte mittlerweile vor Hunger!
Vorsichtig krabbelte sie aus dem Nest.

Das war ja wie ein Mäusetraum: Ihr Baum hatte sich in eine
Speisekammer verwandelt!
Aufgeregt schnupperte die Maus und kletterte von einem Zweig
zum anderen. Da hingen Äpfel und viele andere Früchte,
die sie nie gesehen oder gerochen hatte. Außerdem gab es
Knabberschaukeln, die man beim Schaukeln auffressen konnte!
Aber am besten schmeckte der Maus eine der Früchte,
die so schön im Mondlicht glitzerten. Ihr Inneres war braun
und klebrig und sehr süß. Bloß ihre Schale schmeckte
überhaupt nicht, die tat den Zähnen sogar weh. Deshalb ließ
die Maus die Schale einfach hängen.
Am nächsten Morgen schimpfte der Vater mit den Kindern:
„Ich möchte das nicht noch einmal sehen", sagte er.
„Man lässt kein leer gefuttertes Silberpapier und keine
halben Kringel im Baum hängen! Wie sieht denn das aus!"
„Ich war das nicht", sagte Anna.
„Vielleicht haben wir ja eine Maus im Haus", meinte Jonas.
„Ja, eine zweibeinige wahrscheinlich", knurrte der Vater.

Und die Maus?
Die lag in ihrem Vogelnest und ruhte sich vom Fressen aus.

In der zweiten Nacht machte die Maus einen langen Spaziergang.
Sie huschte und kletterte durchs ganze Zimmer.
Alles roch so fremd und aufregend!
Am angenehmsten duftete ein buntes, weiches Fell.
Damit spielte die Maus eine Weile ihr Lieblingsspiel:
Zupfen und Zerzausen. Und als sie müde wurde, nahm sie
ein großes Büschel Fell mit in ihr Nest.

Am nächsten Morgen wollte Anna ihren schönen
neuen Pullover anziehen. Aber wie sah der aus!
Die Mutter war sehr böse: „Ich hab dir doch verboten,
die Schere anzufassen!", schimpfte sie mit Jonas.
„Ich habe nicht mit der Schere gespielt", verteidigte sich Jonas,
„das war bestimmt die Maus."
„Na warte", sagte die Mutter, „wenn ich die Maus mal
mit der Schere in den Pfoten erwische!"

Und die Maus?
Die lag in ihrem Vogelnest und ruhte sich vom Zupfen aus.

In der dritten Nacht kletterte die Maus zur Abwechslung
auf dem Fensterbrett herum. Dort roch es beinahe ein bisschen
wie draußen im Wald, wenn es Frühling wird – nach feuchter Erde
und jungen grünen Blättern.
Die Maus bekam großen Appetit auf ein paar zarte,
saftige Wurzeln. Zu dumm, dass alle Pflanzen von glatten,
hohen Mauern umgeben waren!
Aber schließlich fand sie doch eine, an der sie hinaufklettern
konnte …

Am nächsten Morgen traute die Mutter ihren Augen nicht,
als sie ins Zimmer kam.
„Oh nein, ausgerechnet meine schönste Pelargonie",
schluchzte sie, „die einzige, die noch geblüht hat!"
„Weine nicht", sagte ihr Mann und gab ihr einen Kuss.
„Jetzt glaub ich es auch. Wir haben eine Maus im Haus.
Morgen kaufe ich eine Falle."

Und die Maus?
Die lag in ihrem Vogelnest und ruhte sich vom Wurzelfressen aus.

In der vierten Nacht wurde die Maus leichtsinnig.
„Ich will doch mal probieren", dachte sie, „ob ich über eine
von diesen bunten Brücken balacieren kann."
Ein Stückchen weit ging das auch gut. Aber als sie gerade
in der Mitte war, riss die Papierkette, und die Maus fiel und fiel
und plumpste in etwas Hartes und Rundes mit hohen,
glatten Wänden.

Das war eine Aufregung am nächsten Morgen!
„Papa, komm schnell!", rief Anna. „Du brauchst keine Falle
mehr zu kaufen. Die Maus ist in ein leeres Bonbonglas gefallen.
Ich hab nur schnell den Deckel draufgetan.
Sonst hüpft sie vielleicht doch wieder raus."
„Siehst du", sagte Jonas, „es war doch eine richtige Maus.
Keine zweibeinige."
„Na so was!" Der Vater hob das Glas hoch. „Das ist ja gar
keine Hausmaus. Die kommt aus dem Wald."
„Die wohnt bestimmt im Weihnachtsbaum", sagte Jonas.

„Wir haben nämlich eben ein Nest im Baum entdeckt",
fügte Anna hinzu. „Schau, da oben."
„Dann bringen wir die Maus am besten zurück
in die Schonung am Hasenberg", schlug die Mutter vor.
„Aber jetzt frühstücken wir erst einmal alle zusammen."
„Die Maus auch?"
„Ja, die Maus auch."

Am Rand der Tannenschonung ließen sie die Maus
aus dem Glas.
„Hätten wir ihr nicht viel mehr zu fressen mitnehmen sollen?",
fragte Anna besorgt.
„Wird sie nicht frieren?", fragte Jonas.
Die Eltern beruhigten sie: „Nein, sie kennt sich hier aus.
Sie wird alle Vorratsecken wieder finden. Jetzt läuft sie sicher
rasch zu ihren Mäusefreunden und kuschelt sich zu ihnen.
Dort kann sie sich von ihrem Schrecken erholen."

Und genau das tat die Maus dann auch.

Quellenverzeichnis

Françoise Joos „Die goldene Schneeflocke" mit Illustrationen von Frédéric Joos. © für Text und Illustration Andersen Press Limited, London. Deutsche Textfassung von Antonie Schneider. © der deutschen Textfassung: Ravensburger Buchverlag.

Eveline Hasler „Im Winterland" mit Illustrationen von Michèle Lemieux. © für Text und Illustration bei den Autoren.

Achim Bröger „Die Weihnachtsmänner" mit Illustrationen von Ute Krause. © für Text und Illustration 1985 Middelhauve Verlags GmbH, München.

Erwin Moser „Eisbär, Erdbär und Mausbär" mit Illustrationen vom Autor. © für Text und Illustration 1993 by Carl Ueberreuter Verlag, Wien.

Brian Pilkington „Weihnachtsmann gesucht!" mit Illustrationen vom Autor. © für Text und Illustration 1993 by Brian Pilkington. Deutsche Textfassung von Roland Hainmüller. © der deutschen Textfassung: Ravensburger Buchverlag.

Magdalene Hanke-Basfeld „Die Weihnachtsüberraschung" mit Illustrationen der Autorin. © für Text und Illustration bei der Autorin.

Die Schreibweise entspricht den Regeln der neuen Rechtschreibung.

4 3 2 1   02 01 00 99

© 1999 Ravensburger Buchverlag Otto Maier GmbH
Titelillustration: Susanne Mais
Redaktion: Karin Amann
Printed in Germany
ISBN 3-473-33949-0

Die Deutsche Bibliothek – CIP-Einheitsaufnahme

Das **große Weihnachtsbilderbuch** :
Vorlesegeschichten /
[Red.: Karin Amann]. -
Ravensburg : Ravensburger Buchverl., 1999
ISBN 3-473-33949-0